लौट के चूहा घर को आया

लेखन: गिरिजा रानी अस्थाना
चित्रांकन: सुरेन्द्र सुमन

चिल्ड्रन्स बुक ट्रस्ट, नई दिल्ली

एक चूहा था और एक गिलहरी थी। दोनों में बड़ी मित्रता थी। गिलहरी चूहे को अखरोट खाने को देती। चूहा भी गिलहरी को बेर देता। दोनों हमेशा साथ रहते।

एक दिन एक हाथी वहां आया। गिलहरी हाथी को देखकर डर गई। वह झटपट पेड़ पर चढ़ गई। चूह वहीं बैठा रहा। हाथी का लंबा-चौड़ा डील-डौल देखकर उसे बहुत आश्चर्य हो रहा था।

उसने पूछा, “तुम कौन हो?”

“मैं हाथी हूं,” हाथी ने उत्तर दिया, फिर पूछा, “तुम कौन हो?”

“मैं चूहा हूं,” चूहा बोला।

“तुम इतने छोटे क्यों हो? कुछ खाते नहीं हो क्या?” हाथी ने पूछा। उसने इतना छोटा जानवर कभी नहीं देखा था।

“वाह, खाता क्यों नहीं हूं!” चूहे ने जवाब दिया, “मैं अखरोट खाता हूं, मिठाई खाता हूं और बहुत-सी चीज़ें खाता हूं।”

हाथी ने कहा, “तुम मेरे साथ चलो, मैं तुम्हें बड़े-बड़े केले खिलाऊंगा। मीठा गन्ना चूसने को दूंगा। फिर तुम भी मेरी तरह लंबे-चौड़े हो जाओगे।”

यह सुनकर चूहा बड़ा खुश हुआ। “वाह, अगर ऐसी बात है तो मैं ज़रूर तुम्हारे साथ चलूंगा!”

वह हाथी के साथ जाने के लिए तैयार होने लगा। तभी उसके सिर पर एक जामुन आकर गिरा। चूहे ने सिर उठाकर देखा। ऊपर गिलहरी थी।

गिलहरी जल्दी से उतरकर चूहे के पास आई और बोली, “तुम इतने छोटे-से हो और हाथी इतना बड़ा। तुम्हारी और उसकी कैसी दोस्ती? तुम उसके साथ मत जाओ।”

“मैं तो ज़रूर जाऊंगा हाथी के साथ। बड़े-बड़े केले खाऊंगा, मीठा-मीठा गन्ना चूसूंगा और फिर हाथी की तरह मोटा-तगड़ा हो जाऊंगा,” चूहा बोला।

“पर तुम मोटे होकर क्या करोगे? तुम अपने बिल में भी नहीं घुस पाओगे,” गिलहरी ने चूहे को फिर समझाया।

“अगर मैं हाथी जितना बड़ा हो जाऊंगा तो मुझे किसी का डर नहीं रहेगा। न बिल्ली मुझे खा पाएगी और न चील मुझ पर झपट सकेगी,” कहकर चूहा हाथी की पीठ पर बैठ गया।

चूहे को साथ लेकर हाथी वहां से चल दिया।

'यह चूहा ज़रूर किसी मुसीबत में फंसेगा,' गिलहरी ने सोचा और वह भी उनके पीछे-पीछे चल दी।

चलते-चलते उन्हें गन्ने का एक खेत मिला। हाथी खेत में घुस गया। उसने ढेर सारे गन्ने तोड़े। एक गन्ना उसने चूहे को दिया। गन्ना बहुत कड़ा था। चूहा उसे कुतरता ही रह गया। हाथी सारे गन्ने खा गया। चूहे को पीठ पर बैठाए हाथी आगे चल दिया।

थोड़ा और चलने पर उन्हें केले का बाग मिला। हाथी ने एक बड़ा-सा केलों का गुच्छा तोड़ा, फिर चूहे से बोला, "लो, जितनी मरज़ी हो, इसमें से केले तोड़ो और खाओ।"

चूहा एक भी केला न तोड़ सका। हाथी मज़े ले-लेकर सारे केले खा गया और फिर आगे चल पड़ा।

चलते-चलते एक तालाब आया। हाथी पानी पीने के लिए तालाब में घुस गया। उसने पेटभर पानी पिया। फिर सूंड़ में पानी भरकर पीठ पर बैठे चूहे के ऊपर ज़ोर से छिड़क दिया।

चूहा गिरते-गिरते बचा। उसने हाथी की पीठ कसकर पकड़ ली। "अरे हाथी भाई, तुमने तो मुझे भिगो दिया!" उसने शिकायत की।

"मैंने समझा तुम्हें प्यास लगी होगी, इसलिए तुम्हें पानी पिला रहा था," हाथी ने जवाब दिया। चूहे को पीठ पर बिठाए वह फिर आगे बढ़ गया।

चूहे को अब अच्छा नहीं लग रहा था। वह घर जाना चाहता था। भीग जाने के कारण उसे ठंड लग रही थी। उसे भूख भी लगी थी।

"हाथी भाई-हाथी भाई, अब मैं घर जाना चाहता हूं। मुझे नीचे उतार दो," वह बोला।

हाथी अपनी धुन में चलता ही जा रहा था। उसने चूहे की बात सुना ही नहीं। चूहे को अब रोना आ रहा था।

चलते-चलते हाथी एक पेड़ के नीचे खड़ा हो गया। वह पेड़ से हरे-पत्ते तोड़कर खाने लगा, साथ ही वह पेड़ को हिला भी रहा था। चूहे को डर लग रहा था कि कहीं वह हाथी की पीठ पर से गिर न जाए। अब उसे गिलहरी की याद आने लगी।

"ओ गिलहरी बहन, कहां हो तुम? मुझे इस मुसीबत से बचाओ!" वह चिल्लाया।

"घबराओ नहीं चूहे, मैं यहीं हूं," ऊपर पेड़ पर बैठी गिलहरी बोली।

चूहे ने देखा गिलहरी एक डाल पर बैठी थी। गिलहरी कूदकर एक नीची डाल पर आकर बैठ गई। फिर बोली, "मैं अपनी पूंछ नीचे लटकाती हूं, तुम इसे पकड़ लो।"

चूहे ने उचककर गिलहरी की पूंछ पकड़ ली। गिलहरी चट से ऊपर की डाल पर चढ़ गई।

"अरे, तुम तो बिलकुल भीगे हुए हो! चलो, तुम्हें धूप में ले चलूं," गिलहरी बोली।

गिलहरी चूहे को पीठ पर बैठाकर धूप में ले आई। फिर उसने उसे एक अखरोट खाने के लिए दिया। धूप में चूहे का शरीर सूख गया। अखरोट खाने से उसका पेट भर गया।

"क्यों भाई चूहे, कल फिर जाओगे हाथी के साथ?" गिलहरी ने चूहे को छेड़ा।

“कान पकड़ता हूं जो अब फिर हाथी के पास जाऊं!” चूहा तपाक से बोला।

“क्यों, अब हाथी की तरह बड़े नहीं होना चाहते?” गिलहरी ने पूछा।

“क्या करूंगा उतना बड़ा होकर? उतना बड़ा हो गया तो अपने बिल में कैसे घुसूंगा?” चूहा शरमाते हुए बोला, “अब मैं हमेशा तुम्हारे साथ रहूंगा।”

गिलहरी और चूहा फिर साथ-साथ रहने लगे।